MARLIES BUSCH

SERVIETTEN-TECHNIK
für Kinder

christmas is coming!

christmas is coming!

christmas is coming!

coming!

TIGER

MARLIES BUSCH

SERVIETTEN-
TECHNIK
für Kinder

RAVENSBURGER BUCHVERLAG

INHALT

MATERIAL

- Servietten mit schönen Motiven
- ein Objekt, das du verzieren willst (Pappschachtel, Spandose, Bilderrahmen usw.)
- Mattlack
- Mattlack für Serviettentechnik
- weicher Haar-pinsel
- Schere
- evtl. eine spitze Schere (bitte vor-sichtig benutzen)
- Tapetenkleister
- Wasserglas zum Anrühren des Tapetenkleisters
- Pinsel

SERVIETTENTECHNIK: SO GEHT'S

Nimm die schönsten Servietten, die du finden kannst – und schon kann es losgehen! Du brauchst nicht mehr als ein Objekt deiner Wahl, etwas Farblack und speziellen Lack für Serviettentechnik. Damit hast du im Nu ein liebe-volles Geschenk gezaubert! Dabei spielt es überhaupt keine Rolle, ob der Gegenstand, den du verschönern willst, aus Holz, Pappe, Styropor, Terrakotta, Glas, Kunststoff, Modelliermasse, Metall, Keramik oder Stein ist. Mit dem richtigen Lack hält dein Serviettenmotiv auf jedem Untergrund. Soll dein Kunstwerk besonders haltbar sein, verwendest du den Lack für Serviettentechnik. Wenn du die Verzierungen zu einem späteren Zeitpunkt lieber wieder entfernen möchtest, greifst du zu Tapetenkleister: Der lässt sich nämlich rückstandslos abwaschen.

1 Als Erstes bemalst du den Gegenstand, den du verzieren willst. Um dir die Arbeit zu erleichtern, solltest du eine Farbe auswählen, in der auch die Serviette, aus der du dein Motiv ausschneiden willst, gehalten ist. Das ist sehr wichtig, wenn es sich um ein sehr zartes Motiv handelt. Dann fällt es nämlich später beim Aufkleben nicht so auf, wenn du dein Motiv nicht ganz sauber ausgeschnitten hast: Der überstehende Rand passt sich farblich an den Untergrund an.

2 Schneide nun dein Motiv aus. Wenn du später Glas oder einen andersfarbigen Untergrund damit dekorieren willst, solltest du dir beim Ausschneiden besonders viel Mühe geben. Hast du dir ein Motiv ausgesucht, dass sehr kleinteilig ist, solltest du eine spitze Schere benutzen. Pass auf, dass du dich damit nicht verletzt! Bitte einen Erwachsenen dir beim Ausschneiden zu helfen. Als Nächstes löst du die alleroberste, dünne Serviettenlage vorsichtig ab. Nur sie wird verwendet, die restlichen Lagen kannst du wegwerfen.

3 Ist der Gegenstand, den du vorher bemalt hast, getrocknet, kannst du weitermachen: Jetzt kommt der Lack für Serviettentechnik zum Einsatz, mit dem du den Gegenstand überlackierst. Lasse den Lack leicht antrocknen und lege dann dein Motiv mit leichtem Druck auf. Streiche es glatt und achte darauf, dass sich keine Luftblasen bilden. Jetzt musst du nur noch einmal alles überlackieren und schon ist dein Kunstwerk fertig! Nach dem Trocknen hat sich das Serviettenmotiv dauerhaft mit dem Gegenstand verbunden, es ist wisch-, wasch- und wetterfest. Willst

du dein Motiv später lieber wieder ablösen, musst du die Serviettenmotive mit Tapetenkleister aufkleben. Ansonsten gehst du vor, wie bereits beschrieben. Mit dieser Technik lassen sich auch wunderschöne Fensterbilder herstellen, die du immer wieder problemlos durch neue ersetzen kannst.

GEHEIMNISVOLLE HÖHLENMALEREIEN

Wie kommen Höhlenmalereien bloß auf diese Pappschachteln?
Mit Serviettentechnik kein Problem ... Hier kannst du verstauen,
was du von deinen Entdeckungsreisen mit nach Hause bringst.

TIPP

Du willst dein Motiv auf Papier oder Pappe kleben? Am besten geht's mit Tapetenkleister!

1 Schneide die Zebras mit der spitzen Schere vorsichtig aus. Pass gut auf, dass du dabei Beine oder Schweif nicht verletzt. Anschließend löst du die oberste Serviettenlage ab.

2 Jetzt rührst du den Tapetenkleister mit etwas Wasser an, wie auf der Packung beschrieben.

3 Dekoriere deine Schachtel mit den Zebramotiven so, wie es dir gefällt. Um sie auf dem Untergrund zu befestigen, pinselst du mit dem Tapetenkleister darüber. Streiche die Motive gut aus und pass auf, dass keine Fältchen oder Luftblasen entstehen – fertig! Willst du die Schachteln bei Wind und Wetter auf deine Forschungsreisen mitnehmen, solltest du noch einmal alles mit dem Lack für Serviettentechnik überlackieren. Auf diese Weise sorgst du dafür, dass deine Schachteln für jede deiner Unternehmungen gerüstet sind.

MATERIAL

- Servietten mit Zebramotiven
- naturfarbene und orange Pappschachteln
- spitze Schere
- Tapetenkleister
- Wasserglas zum Anrühren
- Mattlack für Serviettentechnik
- 2 Pinsel

9

MATERIAL

- Servietten mit Stiefmütterchen-motiv
- Holztablett
- Schmuckschatulle
- Schere
- Mattlack in Türkis, Lila und Weiß
- Mattlack für Serviettentechnik
- 2 Pinsel

TIPP

Die Stiefmütterchen kommen auf einem zarten, pastellfarbenen Untergrund am besten zur Geltung.

1 Zuerst musst du das Holztablett passend zu deinem Blumenmotiv grundieren. Dazu mischst du dir eine zarte Pastellfarbe an. Das geht am einfachsten, wenn du die Grundfarbe mit etwas Weiß aufhellst.

2 Grundiere nun das Tablett und die Schmuckschatulle mit der von dir hergestellten Farbe.

3 Als Nächstes schneidest du die Blumenmotive aus und löst die oberste Serviettenlage vorsichtig ab.

4 Streiche anschließend Tablett und Schatulle mit dem Lack für Serviettentechnik ein. Jetzt kannst du beide Objekte dekorieren, indem du die Motive an den gewünschten Stellen vorsichtig in den Lack drückst.

5 Zum Schluss werden Tablett und Schatulle noch einmal überlackiert.

LASS BLUMEN SPRECHEN!

Optische Täuschung: Sehen diese Stiefmütterchen, die das Tablett dekorieren, nicht wie gemalt aus? Doch wer hätte das gedacht – sie wurden ganz einfach von einer Serviette gepflückt ...

KUNTERBUNTES OSTERFENSTER

Auf dieser Frühlingswiese tummeln sich Tulpen, Hasen, Küken und Lämmchen. Hoffentlich haben sie irgendwo ein paar süße Osterüberraschungen versteckt!

TIPP

Fensterbilder mit Serviettentechnik gelingen auch noch in
letzter Minute: Von der
Frühstücksserviette direkt
aufs Küchenfenster ...

1 Zuerst schneidest du die
Motive sorgfältig aus und
hebst die oberste Serviettenlage vorsichtig ab.

2 Nun rührst du den Tapetenkleister mit etwas Wasser
an, wie auf der Packung
beschrieben. Streiche ihn
mit dem Pinsel auf den Teil
des Fensters, den du dekorieren willst.

3 Platziere nun die Motive
und drücke sie vorsichtig an.
Achte darauf, dass sich keine
hässlichen Fältchen bilden.
Zum Schluss die ganze Os-
terlandschaft noch einmal
mit dem Pinsel gut fest-
drücken – und fertig ist die
Osterdeko!

MATERIAL

- Servietten mit
  Blumen-, Küken-,
  Hasen- und ande-
  ren Ostermotiven
- Schere
- Tapetenkleister
- Wasserglas zum
  Anrühren
- Pinsel

13

MATERIAL

- Servietten mit Ostermotiven
- großes und 5 kleine Plastikeier oder hart gekochte Eier
- Spandose
- Schere
- Mattlack in Gelb
- Mattlack für Serviettentechnik
- 2 Pinsel

TIPP

Natürlich kannst du mit der Serviettentechnik auch echte Ostereier schmücken. Du musst nur aufpassen, dass die Motive nicht zu groß sind und gut auf das Ei passen.

1 Zuerst grundierst du das große Plastikei in Orange und die Spandose in Gelb.

2 Anschließend schneidest du die Motive aus und löst die oberste Serviettenlage vorsichtig ab.

3 Jetzt lackierst du noch einmal alles mit dem Lack für Serviettentechnik. Nun kannst du die Motive vorsichtig auf Ei oder Spandose platzieren.

4 Damit auch alles gut hält, solltest du Ei und Spandose zum Schluss noch einmal mit dem Lack für Serviettentechnik gut überlackieren.

TIERISCHER OSTERSCHMUCK

Frohe Ostern wünschen die Lämmchen. Ein Wunsch, dem sich die kleinen Bienen, die ebenfalls den Frühstückstisch schmücken, natürlich sofort anschließen ...

MATERIAL

- Servietten mit Marienkäfer- und Blumenmotiven
- Pappschachtel mit Rahmen
- 2 Kerzen
- Vase
- Schere
- Tapetenkleister
- Wasserglas zum Anrühren
- Mattlack in Hellblau
- 2 Pinsel

1 Grundiere die Pappschachtel in Hellblau.

2 Schneide die Serviettenmotive aus. Der Marienkäfer auf der Schachtel wurde mit seinem Hintergrund quadratisch ausgeschnitten. Auch die Margerite auf der Vase bekommt auf diese Weise ihren eigenen Rahmen. Jetzt löst du die oberste Serviettenlage vorsichtig ab.

3 Rühre den Tapetenkleister mit etwas Wasser an und streiche ihn auf das Objekt, das du bekleben willst.

4 Jetzt platzierst du dein Motiv und drückst es vorsichtig an. Wenn nötig, kannst du noch einmal alles überstreichen.

5 Für die Vase gilt: Um das Motiv wasserfest zu machen, solltest du es nochmals mit dem Lack für Serviettentechnik überlackieren.

ACHTUNG, FRÜHLINGSGEFÜHLE!

**Alle Frühlingsboten haben sich hier versammelt.
Der Schmetterling fliegt über die Margeriten, und auch
die Marienkäfer warten auf ihren Einsatz.**

HERZIGE BILDERRAHMEN

Herzen, Herzen über alles! Es gibt sie in den verschiedensten Farben. Da weiß jeder gleich: Dieses Geschenk wurde mit Liebe gemacht.

1 Als Erstes grundierst du die Bilderrahmen in den gewünschten Farben.

2 Schneide dann die Herzen mit etwas Hintergrund quadratisch aus und löse die oberste Serviettenlage vorsichtig ab. Jetzt lackierst du die Rahmen mit dem Lack für Serviettentechnik und dekorierst sie mit den Herzmotiven.

3 Wenn du willst, kannst du die Motive genauso gut mit Hilfe des Tapetenkleisters aufbringen.

4 Abschließend lackierst du noch einmal alles über.

TIPP
Kleine Kinder können dieses Motiv ganz einfach ausschneiden, denn die Form ist quadratisch.

MATERIAL

- Servietten mit Herzmotiven
- 2 Bilderrahmen
- Mattlack in Grasgrün und Orange
- Mattlack für Serviettentechnik oder Tapetenkleister
- Schere
- 2 Pinsel

19

GUT VERSTAUTE GARTENGERÄTE

Mit der richtigen Ausrüstung macht das Umtopfen richtig Spaß! Und wenn sie dann noch so liebevoll mit Gemüse und Gießkanne verziert ist wie hier, ganz besonders!

TIPP

Auf Plastik hält Tapeten-
kleister nicht besonders
gut. Motive deshalb lieber
mit dem Lack für Serviettentechnik aufbringen.

MATERIAL

- Servietten mit
  Gemüsemotiven
- Kistchen für Gar-
  tengeräte
- Mattlack für Ser-
  viettentechnik
- Schere
- 2 Pinsel
- weicher Bleistift

1 Als Erstes schneidest du
die Motive aus und löst die
oberste Serviettenlage vorsichtig ab.

2 Mit dem Bleistift überträgst
du nun ganz dünn die Um-
risse deiner Motive auf das
Kistchen.

3 Pinsele nur die Fläche inner-
halb der Umrisse mit dem
Lack für Serviettentechnik
ein! Drücke nun dein Motiv
darauf.

4 Wenn du das Serviettenmotiv dann noch einmal
überlackierst, ist deine
Verzierung sogar wetterfest!

MATERIAL

- Servietten mit Nudelmotiven
- Vorratsdosen
- Mattlack für Serviettentechnik
- Tapetenkleister
- Wasserglas zum Anrühren
- Schere
- 2 Pinsel

1 Zuerst schneidest du die Motive aus und löst die oberste Serviettenlage vorsichtig ab.

2 Rühre nun den Tapetenkleister mit etwas Wasser an, wie auf der Packung angegeben.

3 Dann klebst du die Nudelmotive mit dem Tapetenkleister vorsichtig auf die gewünschten Stellen.

4 Noch bevor die Motive getrocknet sind, solltest du sie noch einmal mit dem Lack für Serviettentechnik überlackieren. Gehe dabei sehr sorgfältig vor und lackiere wirklich nur die Motive – sonst hinterlässt der Lack auf der Vorratsdose hässliche Flecken.

VORRATSDOSEN MIT NUDELDEKOR

Hier ist jede Verwechslung ausgeschlossen!
Was sich in diesen Vorratsdosen verbirgt, kann man
ihnen schon von außen ansehen.

TREIBHAUS
MIT SONNENBLUMEN

In diesem Minigewächshaus werden deine Frühlingsblumen
groß und stark. Wenn du sie rechtzeitig setzt, dann blühen sie bald
mit den fröhlich-gelben Sonnenblumen um die Wette.

MATERIAL

- Servietten mit Sonnenblumenmotiven
- Minigewächshaus
- 2 Glaskistchen
- Tapetenkleister
- Wasserglas zum Anrühren
- Mattlack für Serviettentechnik
- Schere
- 2 Pinsel

1 Schneide zuerst die gewünschten Motive aus, und löse die oberste Serviettenlage vorsichtig ab.

2 Rühre den Tapetenkleister mit etwas Wasser an, wie auf der Packung beschrieben.

3 Nun platzierst du die Motive mit dem Tapetenkleister auf den gewünschten Stellen.

4 Noch vor dem Trocknen solltest du die Motive mit dem Lack für Serviettentechnik überlackieren. So wird dein Kunstwerk richtig wetterfest.

MATERIAL

- Servietten mit Blumen- und Igel-motiven
- Gießkanne
- 2 Blumenüber-töpfe mit Alurand
- Mattlack für Serviettentechnik
- Tapetenkleister
- Wasserglas zum Anrühren
- Schere
- 2 Pinsel

TIPP

Du kannst die Blumentöpfe auch vorher mit einer Farbe grundieren und dann überall mit Serviettenmotiven bekleben.

1 Schneide zuerst die ge-wünschten Motive aus, und löse die oberste Servietten-lage vorsichtig ab.

2 Rühre nun den Tapetenkleis-ter mit etwas Wasser an, wie auf der Packung beschrieben.

3 Nun kannst du die Blumen-übertöpfe mit Tapetenkleis-ter bestreichen und deine Motive aufbringen.

4 Bevor alles getrocknet ist, solltest du die Motive noch mit dem Lack für Servietten-technik überlackieren. So machst du dein Objekt noch wasser- und wetterfest.

BLUMENÜBERTÖPFE MIT ALURAND

Der süße Igel hilft dir sicherlich gern beim Blumengießen.
Damit er keine nassen Füße bekommt,
hat er die Gummistiefelchen schon angezogen.

GIBT'S DENN DAS?
KERZE IM AQUARIUM

**Bei diesem ganz besonders originellen Windlicht
geht sogar dem dümmsten Fisch ein Licht auf!
Kerze bitte nicht unter Wasser anzünden ...**

MATERIAL

- Servietten mit Fisch- und Piraten- motiven
- Tapetenkleister
- Wasserglas zum Anrühren
- Mattlack für Serviettentechnik
- 2 Pinsel
- Vollglasaquarium
- Sand und Muscheln
- Kerze oder Schwimmkerzen
- Schere

1 Schneide die Motive aus und löse die oberste Servietten- lage vorsichtig ab.

2 Als Nächstes rührst du den Tapetenkleister mit etwas Wasser an, wie auf der Packung beschrieben.

3 Dekoriere nun das Aqua- rium, indem du die Motive mit dem Tapetenkleister aufbringst.

4 Willst du die Motive haltbar machen, musst du sie noch einmal vor dem Trocknen mit dem Lack für Servietten- technik überlackieren.

5 Fülle nun das Glas mit Sand und Muscheln und stelle eine Kerze hinein. Bitte nur unter Aufsicht brennen lassen!

MATERIAL

- Servietten mit Katz- und Maus-motiven
- 2 Trinkgläser
- runde Dose mit Rahmen
- Mattlack in Weiß
- Mattlack für Serviettentechnik
- Tapetenkleister
- Wasserglas zum Anrühren
- Schere
- 2 Pinsel

TIPP

Aus Trinkgläsern kannst du ganz einfach Windlichter machen. Sollen die Windlichter jedoch wieder in normale Gläser zurückverwandelt werden, ist es besser mit Tapetenkleister zu arbeiten.

1 Als Erstes grundierst du die Dose in Weiß und rührst den Tapetenkleister an.

2 Dann schneidest du das Serviettenmotiv mit etwas Hintergrund quadratisch aus. Nur die obere Hälfte des Mondes wird korrekt ausgeschnitten. Für die runde Dose schneidest du das Motiv kreisrund aus. Nun löst du die oberste Serviettenlage vorsichtig ab.

3 Mit dem Kleister klebst du die Motive auf die Gläser sowie auf den Deckel der Dose. Sollen die Gläser haltbar gemacht werden, musst du die Motive nochmals im feuchten Zustand mit dem Lack für Serviettentechnik überlackieren.

LASS UNS KATZ UND MAUS SPIELEN!

Ob auf Windlichtern oder Schachteln: Hier sitzen Katz und Maus
ganz friedlich nebeneinander und schauen in den Mond.
Der wird hier durch eine Kerze zum Leuchten gebracht.

TOLLE TÜRSCHILDER
UND KLEIDERBÜGEL

Wie wäre es mit diesen lustigen Schildern für
deine Kinderzimmertür? Auch Holzkleiderbügel lassen
sich auf diese Weise verzieren.

MATERIAL

- Servietten mit
  Tiermotiven und
  lustigen Schrift-
  zügen
- 2 Kleiderbügel
- 2 Türschilder
- Mattlack in
  Mattweiß
- Mattlack für
  Serviettentechnik
- Schere
- 2 Pinsel

1 Zuerst schneidest du die
gewünschten Motive aus
und löst die dünne, oberste
Serviettenlage vorsichtig ab.

2 Grundiere nun die Objekte
in Mattweiß. Nach dem
Trocknen lackierst du sie
mit dem Lack für Serviettentechnik.

3 Platziere die Motive auf Tür-
schild oder Kleiderbügel und
drücke sie vorsichtig an.

4 Zum Schluss musst du noch
einmal alles mit dem Lack
für Serviettentechnik überlackieren.

SEHT HER,
DIE SERVIETTENPOST IST DA!

Wenn du ein wenig stöberst, findest du
zu jedem Anlass das richtige Motiv. Diese Karten
sind im Nu hergestellt und machen jede Menge her!

1 Schneide zuerst die Motive aus und löse die oberste Serviettenlage vorsichtig ab.

2 Übertrage die Umrisse der Motive mit dem Bleistift dünn auf die Klarsichtfolie im Kartenfenster.

3 Streiche diese markierten Flächen mit dem Lack für Serviettentechnik ein und drücke die Motive vorsichtig darauf.

4 Lackiere die Motive nochmals vorsichtig über – fertig ist deine Einladungskarte!

MATERIAL

- Servietten mit Tier-, Blumen- oder Weihnachtsmotiven
- 3 Karten unterschiedlicher Farbe mit Fenster
- Mattlack für Serviettentechnik
- Schere
- Pinsel
- Bleistift

MATERIAL

- Servietten mit Apfel- und Erd- beermotiven
- 5 Minivorrats- gläser
- Tapetenkleister
- Wasserglas zum Anrühren
- Mattlack für Serviettentechnik
- Schere
- 2 Pinsel

TIPP

Die Minivorratsgläser eignen sich gut als Geschenk: Fülle sie einfach mit der Lieb- lingsnascherei deines Freundes oder deiner Freundin.

1 Schneide zuerst die Motive aus und löse die oberste Serviettenlage vorsichtig ab.

2 Rühre nun den Tapetenkleis- ter mit etwas Wasser an, streiche ihn auf die zu deko- rierenden Stellen und drücke die Motive darauf.

3 Solange die Motive noch feucht sind, lackierst du sie mit dem Lack für Servietten- technik über.

4 Willst du deine Motive aller- dings später lieber noch einmal austauschen können, dann solltest du sie nur mit Tapetenkleister befestigen.

EINMACHGLÄSER MIT OBSTMOTIVEN

Diese kleinen Vorratsgläser passen hervorragend in deinen Kaufmannsladen. Aber natürlich kannst du darin auch einfach deine Süßigkeiten aufbewahren.

MACH DEN BLUMEN BEINE!

Bepflanze diesen dekorierten Blumentopf und stecke einen von den Dekosteckern hinein. Schon hast du ein wunderbares Geschenk zum Muttertag!

38

1 Grundiere den Topf und die Dekostecker mit der blauen Farbe.

2 Schneide dein gewünschtes Motiv aus und löse die oberste Serviettenlage vorsichtig ab.

3 Lackiere den Blumenübertopf und die Dekostecker mit dem Lack für Serviettentechnik, und zwar an den Stellen, an denen du später die Motive aufbringen möchtest.

4 Drücke die Motive nun vorsichtig auf die vorlackierten Stellen und lackiere noch einmal darüber.

MATERIAL

- Servietten mit Herzmotiven
- Blumentopf
- 2 Dekostecker
- Mattlack in Blau
- Mattlack für Serviettentechnik
- Schere
- 2 Pinsel

TIPP

Da der Blumenübertopf recht feucht werden kann, solltest du ihn innen und außen bemalen und ihn anschließend noch zweimal überlackieren.

1 Schneide zuerst das von dir gewünschte Motiv aus und löse die oberste Serviettenlage vorsichtig ab.

2 Nun überträgst du die Umrisse mit dem Bleistift ganz dünn auf die Tassen.

3 Streiche die Flächen mit dem Lack für Serviettentechnik ein und drücke dein Motiv vorsichtig darauf.

4 Lackiere die Motive mit dem Lack für Serviettentechnik noch zweimal über, damit sie wasserfest werden.

MATERIAL

- Servietten mit Herzmotiven
- 2 Jumbotassen in Gelb und Blau
- Mattlack für Serviettentechnik
- Schere
- Pinsel
- weicher Bleistift

TIPP

Wenn du die Tasse zweimal überlackierst, ist sie wasserfest. Tassen allerdings trotzdem nur von Hand spülen – in der Spülmaschine könnte dein Motiv sonst Schaden nehmen.

FLIEGENDE JUMBOTASSEN

Diese hübsch verzierten Tassen sorgen für einen guten Start in den Tag. Wetten, dass Müsli und Kakao daraus ganz besonders gut schmecken?

MATERIAL

- Servietten mit Mäusemotiven, Blumen und Schmetterlingen
- Schultüte in Weiß
- 2 Hefte mit einfarbigem Einband
- 80 cm grünes Band
- Mattlack in Blau
- Tapetenkleister
- Wasserglas zum Anrühren
- Schere
- 2 Pinsel

TIPP

Da die Motive auf Pappe geklebt werden, reicht es völlig aus, mit Tapetenkleister zu arbeiten. So können die Kleinen ihre Schultüte problemlos selbst basteln.

1 Zuerst schneidest du die gewünschten Motive aus und lost die oberste Serviettenlage vorsichtig ab.

2 Nun rührst du den Tapetenkleister mit etwas Wasser an, wie auf der Packung beschrieben.

3 Mit dem Dekolack malst du die unteren 30 cm der Schultüte blau an.

4 Nun pinselst du die Stellen, die verziert werden sollen, mit Tapetenkleister ein und drückst vorsichtig die Motive darauf.

5 Streiche nochmals sorgfältig mit dem Kleister darüber.

6 Jetzt wird die Tüte gefüllt und zum Schluss mit dem grünen Band zugebunden.

HURRA,
DIE SCHULE FÄNGT AN!

Mit dieser bunten Schultüte bist du für den Schulanfang
gut gerüstet. Die frechen Mäuse auf den Heften
machen richtig Lust aufs Lernen.

KUNTERBUNTES SCHREIBTISCHSET

**Mit diesen selbst gestalteten Schachteln
schaffst du schnell Ordnung auf deinem Schreibtisch:
Hier haben alle Stifte und Zettel ihren Platz.**

MATERIAL

- Servietten mit Tulpenmotiven in verschiedenen Farben
- Zettelkasten, Holzkiste, kleine Box, CD-Kiste, kleines Schubladenelement
- Mattlack in Hellgrün, Orange, Blau, Rot und Gelb
- Mattlack für Serviettentechnik
- Schere
- 2 Pinsel

1 Als Erstes grundierst du die Kisten in den entsprechenden Farben.

2 Dann schneidest du die Motive aus. In diesem Fall wurden die Tulpen mit etwas Hintergrund quadratisch ausgeschnitten.

3 Als Nächstes löst du die oberste Serviettenlage vorsichtig ab.

4 Nun lackierst du die Kisten mit dem Lack für Serviettentechnik und drückst die Motive auf den noch feuchten Lack.

5 Anschließend nochmals alles überlackieren, und schon ist dein Schreibtischset fertig!

MATERIAL

- Servietten mit Katzenmotiven
- 2 rote Sets aus Bast
- rote Keksdose in Herzform
- rote Holzherzen
- Tapetenkleister
- Wasserglas zum Anrühren
- Mattlack für Serviettentechnik
- Schere
- 2 Pinsel

TIPP

Wie du hier siehst, kann man sogar Sets aus Bast mit Hilfe der Serviettentechnik verschönern.

1 Schneide zuerst die gewünschten Motive aus und löse die oberste Serviettenlage vorsichtig ab.

2 Rühre den Tapetenkleister mit etwas Wasser an und trage ihn auf die Stellen auf, die du verzieren willst.

3 Platziere nun die Motive und drücke sie sorgfältig in den Kleister.

4 Auf den Sets aus Bast und den Holzherzen halten die Motive nur mit Tapetenkleister.

5 Die Keksdose hat eine glatte Oberfläche. Um deine Verzierung haltbar zu machen, solltest du noch mal mit dem Lack für Serviettentechnik über die Motive streichen, bevor alles getrocknet ist.

KEKSDOSE UND SETS FÜR KATZENLIEBHABER

Diese Katze hat mit Sicherheit schon von den köstlichen Keksen gekostet, die du für sie gebacken hast – warum wären ihr sonst Flügel gewachsen?

IN MEINEM ZIMMER BIN ICH KÖNIG!

**In meinem Reich, da regiert die Fantasie:
Meine Freunde werden überrascht sein,
wie schön ich es mir eingerichtet habe!**

1 Zuerst grundierst du das Kistchen, den Hocker und die kleine Dose in Weiß.

2 Nun schneidest du die Motive aus und löst die oberste Schicht ganz vorsichtig ab.

3 Trage jetzt den Lack für Serviettentechnik auf und platziere deine Motive, solange der Lack noch feucht ist.

4 Streiche nochmals alles mit dem Lack ein. So wirst du noch lange Freude an deiner neuen Zimmerausstattung haben!

MATERIAL

- Servietten mit Katzenmotiven
- 3 weiße Kisten
- Tapetenkleister
- Wasserglas zum anrühren
- Mattlack für Serviettentechnik
- Schere
- 2 Pinsel

TIPP

In diesen Kisten kann man prima Fotos aufbewahren. Sucht doch mal nach Motiven, die etwas mit eurem letzten Urlaub zu tun haben.

1 Schneide zuerst die entsprechenden Motive aus und löse dIe oberste dünne Serviettenlage vorsichtig ab.

2 Rühre den Tapetenkleister mit etwas Wasser an, wie auf der Packung beschrieben.

3 Nun streichst du den Kleister an den Stellen auf die Kisten, die du mit den Motiven dekorieren willst. Drücke die Motive vorsichtig in den Kleister.

4 Streiche mit dem Lack für Serviettentechnik über die Motive, solange der Kleister noch feucht ist. So sind sie lange haltbar und werden dir noch viel Freude bereiten.

KISTEN MIT COMIC-KATER KASIMIR

Auf diesen Kisten ist was los! Aufmerksam bewachen Kasimir und seine Freunde ihre Milchflaschen und natürlich auch den Kisteninhalt. Ihre Spielgefährten toben sich auf dem Deckelrand aus.

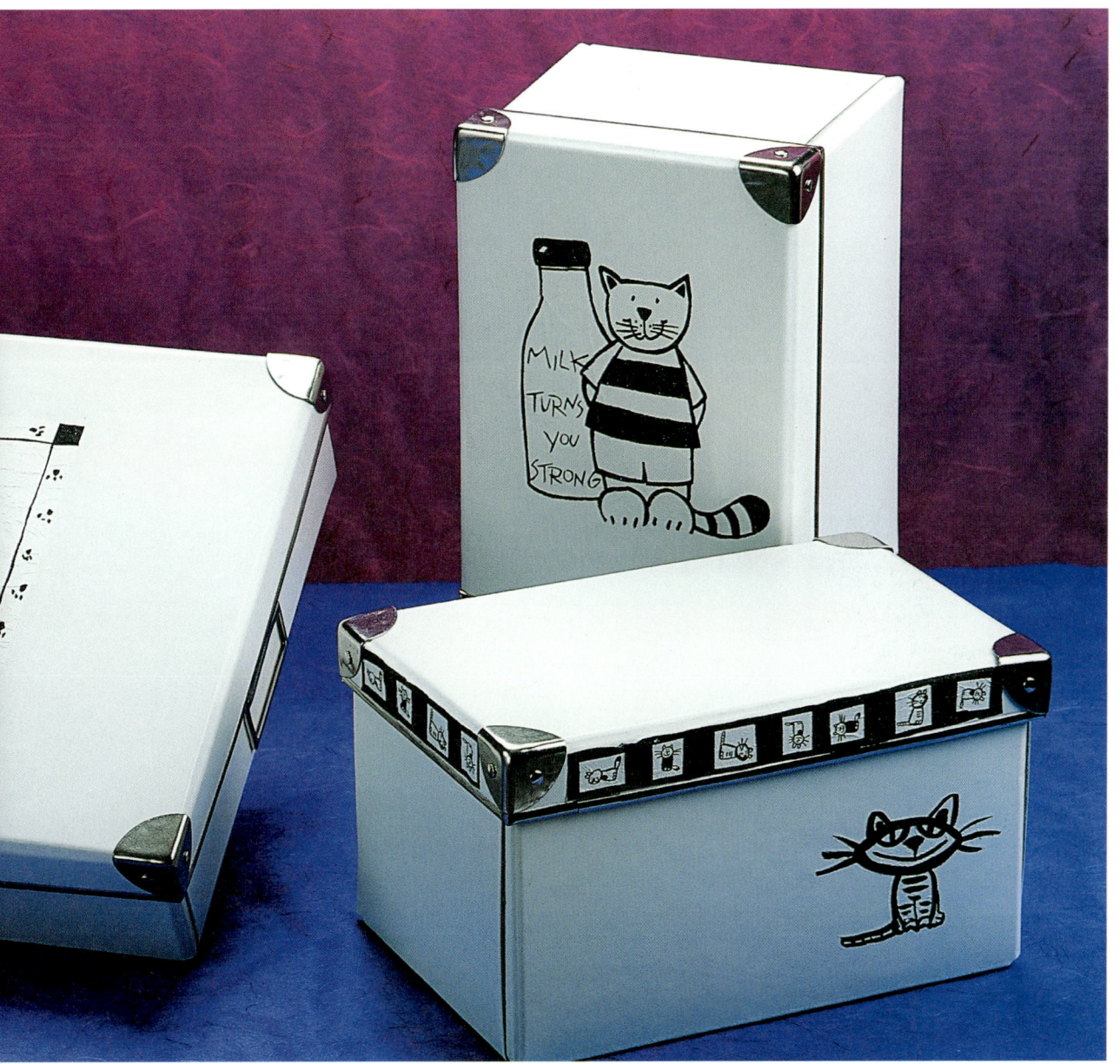

ECHT BÄRIGE SCHUBFÄCHER

Auf diesem Bild ist der Bär los! In diesem Regal mit den vielen kleinen Schubfächern kannst du deine ganzen Schätze aufbewahren – vom Spielzeugauto bis zu deinen Lieblingsmurmeln!

TIPP

Wenn du Lust hast, kannst du jede Schublade mit einem anderen Motiv bekleben – passend zu dem, was sich in der Schublade verbirgt.

MATERIAL

- Servietten mit Bärenmotiven
- Regal mit sechs kleinen Schub-fächern
- Mattlack in Blau
- Mattlack für Serviettentechnik
- Schere
- 2 Pinsel

1 Als Erstes grundierst du das Regal mit dem Dekolack sorgfältig in Blau.

2 Nun schneidest du die Bärenmotive aus und löst die oberste Serviettenlage vorsichtig ab.

3 Dort, wo du deine Motive anbringen willst, lackierst du das Regal mit dem Lack für Serviettentechnik. Drücke die Motive vorsichtig auf den noch feuchten Lack.

4 Damit dein Regal gut geschützt ist, lackierst du zum Schluss noch einmal alles über.

MATERIAL

- Servietten mit Liliendekor
- Glasteller mit Goldrand
- Vase
- Mattlack für Serviettentechnik
- weicher Bleistift
- Schere
- Pinsel

TIPP

Da die beiden Objekte aus Glas sind, musst du sehr sorgfältig arbeiten: Auf diesem Material sieht man jeden Patzer besonders deutlich.

1 Schneide dein gewünschtes Motiv aus und löse die oberste Serviettenlage vorsichtig ab.

2 Nun überträgst du die Umrisse der Lilien mit dem Bleistift ganz sorgfältig auf das Glas.

3 Fülle die Flächen mit dem Lack für Serviettentechnik und drücke die Motive dann haargenau auf die dafür vorgesehenen Stellen.

4 Lackiere die Motive ein weiteres Mal mit dem Lack für Serviettentechnik. Dann kannst du Teller und Vase später vorsichtig von Hand spülen, ohne dass die Motive beschädigt werden.

EDLES GEDECK MIT LILIENMOTIVEN

Die Vase und der Teller sind ein fantastisches Weihnachtsgeschenk. Bei dieser Tischdekoration lässt es sich wirklich fürstlich speisen.

SCHALE MIT HIMMLISCHEN LECKEREIEN

Die kleinen Engelchen auf dem Schüsselrand fliegen
gegen den Uhrzeigersinn im Kreis herum. Ob sie es wohl schaffen,
die leckeren Nüsse, Äpfel und Plätzchen zu bewachen?

MATERIAL

- Servietten mit Engelmotiven
- blaue Schale mit Rand
- Windlicht aus blauem Glas
- Tapetenkleister
- Wasserglas zum Anrühren
- Mattlack für Serviettentechnik
- Schere
- 2 Pinsel

1 Schneide die kleinen Engel aus und löse die oberste Serviettenlage vorsichtig ab.

2 Rühre den Tapetenkleister mit etwas Wasser an, wie auf der Packung beschrieben.

3 Bestreiche nun den Teller-rand und das Windlicht mit dem Tapetenkleister und platziere die Engel.

4 Streiche nun mit dem Lack für Serviettentechnik genau über die Motive, solange sie noch feucht sind.

5 Solltest du mit dem Tape-tenkleister ein wenig ge-kleckert haben, kannst du ihn – nachdem die Motive gut getrocknet sind – ein-fach abwaschen. Der Engel-dekor ist durch den Lack für Serviettentechnik wasserfest geworden und kann vorsich-tig mit der Hand gespült werden.

MATERIAL

- Servietten mit Nikolaus- und Rentiermotiven
- Tablett
- Kerzenständer
- 2 Dekokugeln in unterschiedlichen Größen
- Dekostern
- silberne Schachtel in Christbaum-form
- Tapetenkleister
- Wasserglas zum Anrühren
- Schere
- 2 Pinsel

TIPP

Willst du die Motive auf Dauer auf den Objekten befestigen, musst du noch einmal alles sorgfältig mit dem Lack für Serviettentechnik überlackieren.

1 Schneide zuerst die Motive aus und löse die oberste Serviettenlage vorsichtig ab. Das Motiv für das Tablett wird mit etwas Hintergrund quadratisch ausgeschnitten.

2 Rühre den Tapetenkleister mit etwas Wasser an, wie auf der Packung beschrieben.

3 Streiche die Objekte dort mit dem Tapetenkleister ein, wo du sie verzieren willst. Drücke die Motive sorgfältig drarauf.

4 Streiche nochmals mit dem Tapetenkleister darüber, damit alles gut hält.

WER BRINGT DIE GESCHENKE?

Es weihnachtet sehr – überall sieht man den Nikolaus und sein treues Rentier: auf Christbaumkugeln, Glitzersternen, Kerzenständern oder silbernen Tabletts ...

STERNENLAMPE MIT ENGELMOTIV

Auf dieser originellen Sternenlampe sitzt ein kleines freches Engelchen und ruht sich auf einem Kometenschweif aus. Wenn du die Lampe einschaltest, strahlen sie beide um die Wette.

TIPP

Natürlich kannst du dein Lieblingsmotiv auch auf anderen Lampenschirmen zum Leuchten bringen. Entwirf deine eigene Lampe!

1 Als Erstes schneidest du das Motiv aus und löst die oberste Serviettenlage vorsichtig ab.

2 Nun überträgst du die Umrisse des Engels mit Bleistift auf die Lampe. Diese vorgezeichnete Fläche füllst du mit dem Lack für Serviettentechnik aus.

3 Jetzt drückst du das Motiv auf die vorbereitete Stelle und lackierst es noch einmal über. Wenn du die Lampe anknipst, beginnt dein Motiv zu strahlen.

MATERIAL

- Servietten mit winterlichen Motiven
- Schere
- Sprühschnee
- Blatt Papier
- Tapetenkleister
- Wasserglas zum Anrühren
- Schere
- Pinsel

TIPP

Das Besondere an diesem Fensterbild ist der Berg, der nur aus Sprühschnee besteht. Erfinde deine eigene Winterlandschaft!

1 Schneide zunächst die gewünschten Motive aus und löse die oberste Serviettenlage vorsichtig ab.

2 Nun sprühst du den Schnee an dein Fenster und lässt eine gebirgige Winterlandschaft entstehen. Das Blatt Papier dient als Schablone.

3 Rühre den Tapetenkleister mit etwas Wasser an, wie auf der Packung beschrieben.

4 Nun kleisterst du die Motive an den gewünschten Stellen in deine Winterlandschaft.

5 Damit alles gut hält, überstreichst du die Winterlandschaft zum Schluss nochmals mit dem Kleister.

6 Die mit Tapetenkleister am Fenster befestigten Motive lassen sich problemlos wieder abwaschen, dasselbe gilt für den Sprühschnee.

FENSTERBILD MIT EISBÄR

Wieder einmal keine weiße Weihnacht?
Mit so einer prächtig verschneiten Winterlandschaft
kommt garantiert die richtige Stimmung auf!

Die Deutsche Bibliothek – CIP-Einheitsaufnahme

Ein Titeldatensatz für diese Publikation ist bei
Der Deutschen Bibliothek erhältlich.

Die Schreibweise entspricht den Regeln
der neuen Rechtschreibung.

4 3 2 1   01 02 03 04

Fotos: Tom Schmid
Umschlagkonzeption: kursiv-visuelle kommunikation
Redaktion: Christiane Burkhardt
Gesamtgestaltung: Sabine Dohme
Umsetzung: Herstellungs- und Produktionsgemeinschaft
Dohme/Burkhardt, München

Wir danken den Firmen Design-House und Marabu
für ihre freundliche Unterstützung.

Printed in Germany

ISBN 3-473-37814-3
www.ravensburger.de